T0417650

Hábitos saludables para estar seguros

Julie Murray

EL CORONAVIRUS

Abdo Kids Jumbo es una subdivisión de Abdo Kids
abdobooks.com

abdobooks.com

Published by Abdo Kids, a division of ABDO, P.O. Box 398166, Minneapolis, Minnesota 55439. Copyright © 2021 by Abdo Consulting Group, Inc. International copyrights reserved in all countries. No part of this book may be reproduced in any form without written permission from the publisher. Abdo Kids Jumbo™ is a trademark and logo of Abdo Kids.

Printed in the United States of America, North Mankato, Minnesota.

102020

012021

 THIS BOOK CONTAINS RECYCLED MATERIALS

Spanish Translator: Maria Puchol

Photo Credits: iStock, Science Source, Shutterstock

Production Contributors: Teddy Borth, Jennie Forsberg, Grace Hansen
Design Contributors: Dorothy Toth, Pakou Moua

Library of Congress Control Number: 2020948169

Publisher's Cataloging-in-Publication Data

Names: Murray, Julie, author.

Title: Hábitos saludables para estar seguros/ by Julie Murray

Other title: Staying safe with healthy habits. Spanish

Description: Minneapolis, Minnesota: Abdo Kids, 2021. | Series: El Coronavirus | Includes online resources and index

Identifiers: ISBN 9781098208714 (lib.bdg.) | ISBN 9781098208851 (ebook)

Subjects: LCSH: Hand washing--Juvenile literature. | Social distance--Juvenile literature. | Health—Juvenile literature. | Hygiene--Juvenile literature. | Epidemics--Juvenile literature. | Communicable diseases--Prevention--Juvenile literature. | Spanish language materials--Juvenile literature.

Classification: DDC 613.4--dc23

Contenido

La COVID-19 4	¡A repasar! 22
¿Qué es un virus? 6	Glosario 23
¿Cómo se transmite? 8	Índice 24
Hábitos saludables 12	Código Abdo Kids 24

La COVID-19

Los coronavirus forman una gran familia de virus. La COVID-19 es una enfermedad causada por un coronavirus. Se propagó por todo el mundo en 2020.

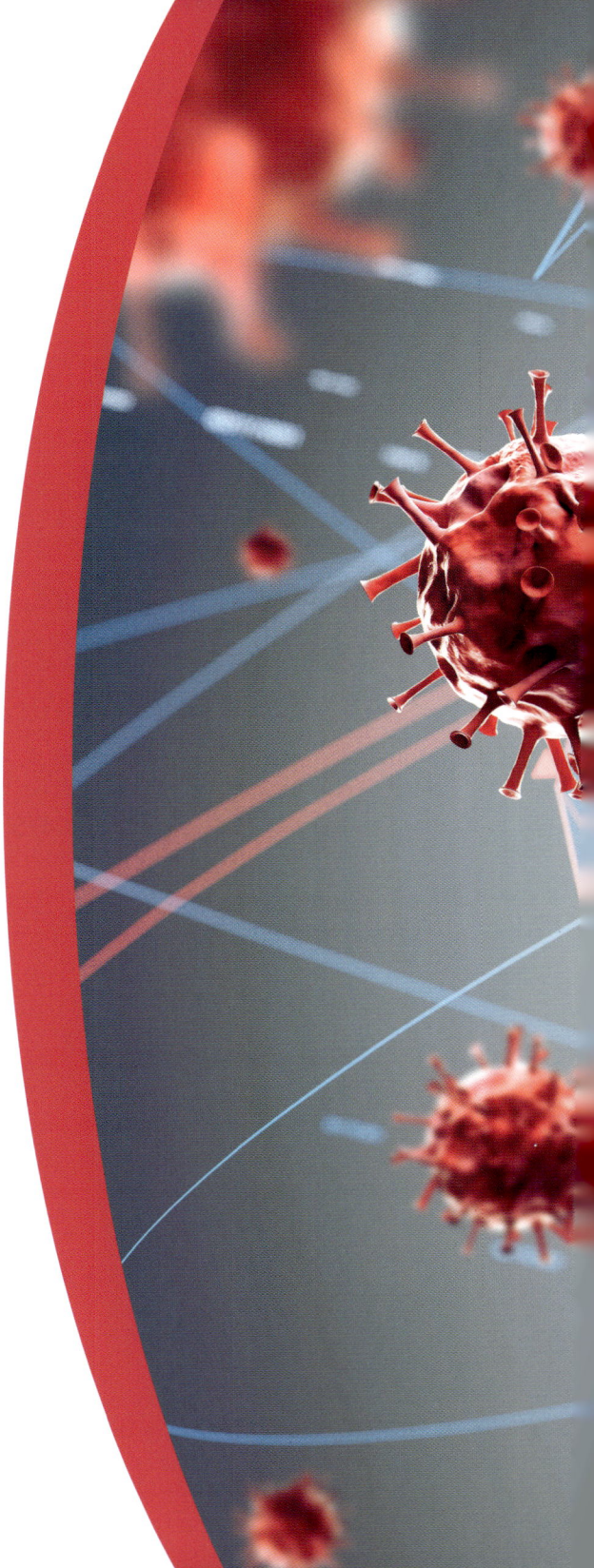

¿Qué es un virus?

Un virus es un diminuto organismo que necesita de un **hospedador** para sobrevivir. Se multiplica cuando se introduce en un cuerpo y eso provoca malestares en la persona.

7

¿Cómo se transmite?

Un virus se transmite o contagia de persona a persona. Cuando alguien tose o estornuda, pequeñas **gotitas** flotan en el aire. Estas gotas pueden entrar en el cuerpo a través de la nariz o la boca.

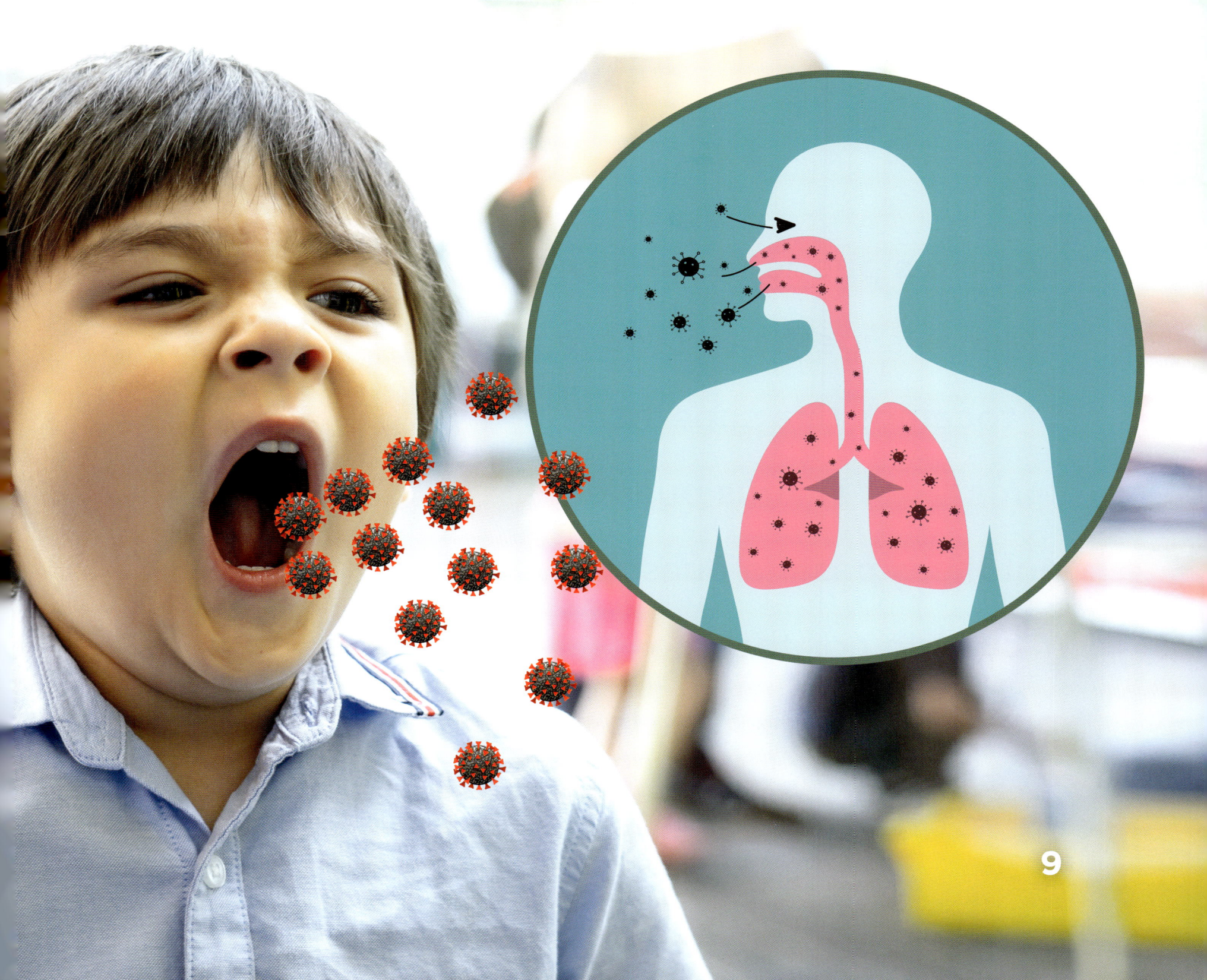

Los virus pueden sobrevivir en algunas superficies también. Si tocamos una superficie **infectada**, el virus puede entonces pasar a nuestras manos. Y cuando nos tocamos la cara, pueden entrar a nuestro cuerpo.

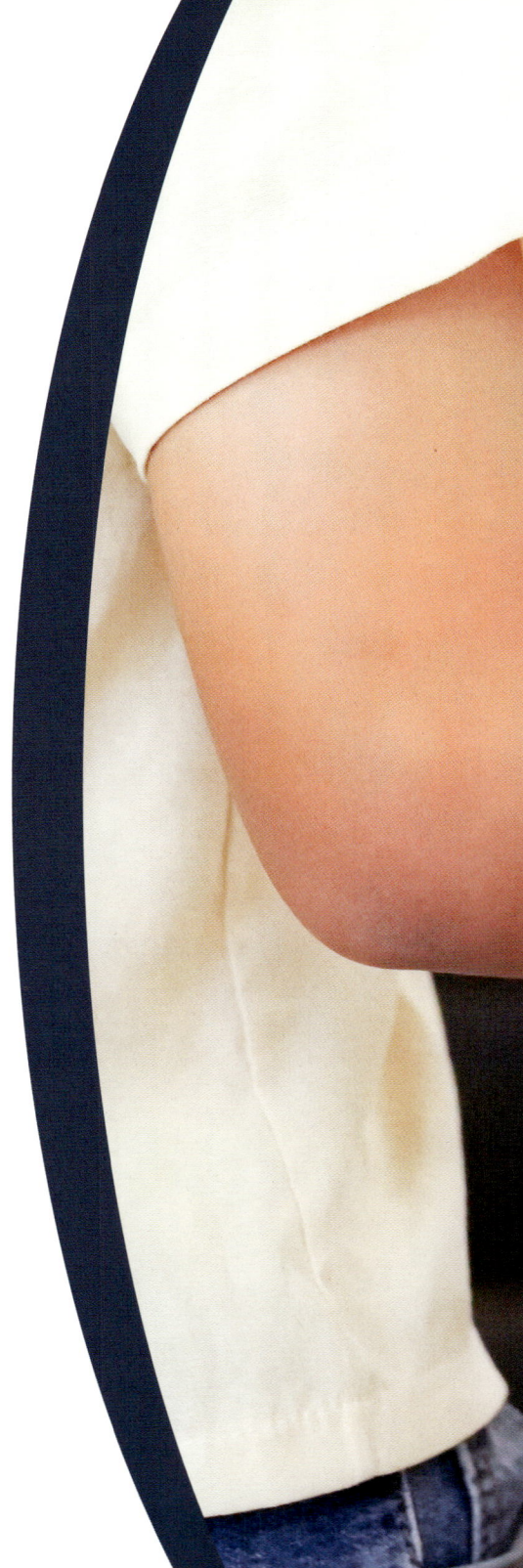

Hábitos saludables

Mantener hábitos saludables nos ayuda a estar más sanos. ¡Y un cuerpo sano puede combatir un virus!

¡Lávate las manos con frecuencia! Asegúrate de usar agua y jabón durante 20 segundos. Evita tocarte la cara con las manos.

Es importante comer sano. Hay que comer alimentos **ricos en nutrientes**, por ejemplo, fruta, verduras y carnes sin grasas.

¡Sal y haz ejercicio! Andar en bicicleta o pasear al perro son formas fáciles de recibir luz del sol y moverse.

Escucha y sigue las reglas que los adultos te indiquen. Te pedirán que lleves una mascarilla en lugares públicos. Lo más importante es que te mantengas alejado de quienes estén enfermos. ¡Todo esto ayuda a no propagar el virus!

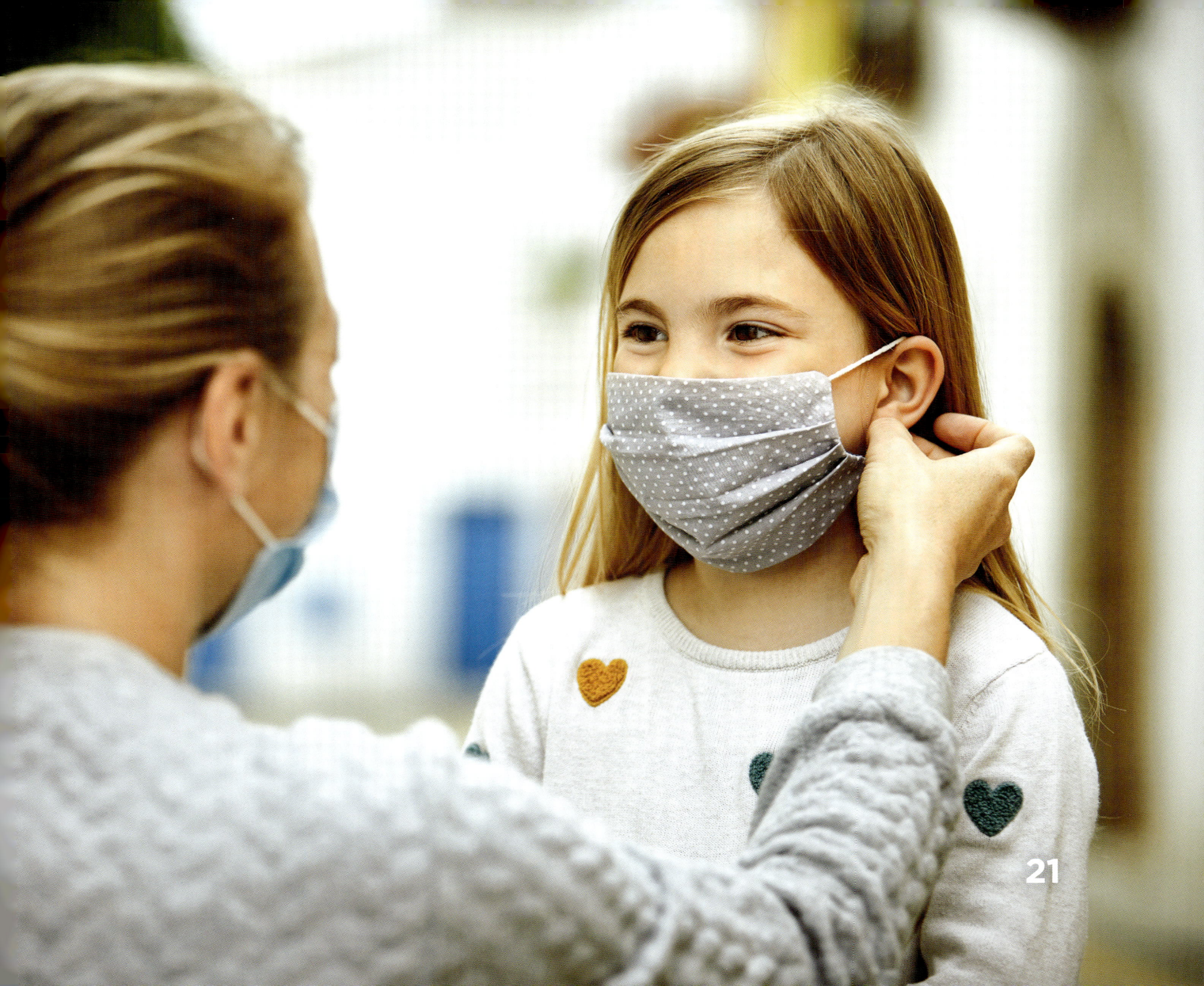

¡A repasar!

- La COVID-19 es una enfermedad causada por un tipo de coronavirus. Se transmite de persona a persona.

- Si el virus entra en tu cuerpo, te puede enfermar.

- Mantener hábitos saludables nos hace fuertes y puede ayudarnos a combatir el virus.

- Lavarse las manos y hacer ejercicio son hábitos saludables. Comer alimentos ricos en nutrientes es también un buen hábito.

- También, cubrirse la boca cuando se tose o estornuda.

- Y, lo más importante, mantenerse lejos de la gente que esté enferma.

Glosario

coronavirus – virus causante de enfermedades. Causa infecciones en las vías respiratorias en los humanos, como los resfriados comunes o incluso enfermedades mortales.

gotita – porción muy pequeña de un líquido.

hospedador – organismo que al acoger a un parásito o virus se convierte en su refugio y en su alimento, además de ayudarle en otras necesidades básicas.

infectado – tener una enfermedad por haberse contagiado de alguien.

ricos en nutrientes – alimentos que contienen muchas vitaminas y minerales, por ejemplo, la fruta, las verduras, los granos integrales y las carnes sin grasa.

Índice

alimentación saludable 16

contagio 4, 8, 10, 20

coronavirus 4

COVID-19 (enfermedad) 4

gotitas 8

hacer ejercicio 18

lavarse las manos 14

prevención 12, 14, 16, 18, 20

sol 18

virus 4, 6, 8, 10, 12, 20

¡Visita nuestra página **abdokids.com** para tener acceso a juegos, manualidades, videos y mucho más!

Los recursos de internet están en inglés.

Usa este código Abdo Kids

TSK5546

¡o escanea este código QR!